친환경 꽃꽂이 자연소재 기법
하나쿠바리

강미정 지음

친환경 꽃꽂이 자연소재 기법
하나쿠바리

발행일	2020년 4월 25일 초판1쇄 발행
	2023년 6월 15일 초판2쇄 발행
지은이	강미정
펴낸이	이지영
진 행	유건모, 최윤희
디자인	Design Bloom 이다혜
펴낸곳	도서출판 플로라
등 록	2010년 9월 10일 제 2010-24호
주 소	경기도 파주시 회동길 325-22
전 화	02.323.9850
팩 스	02.6008.2036
메 일	flowernews24@naver.com

ISBN 979-11-90717-07-6

이 책은 저작권법에 의해 보호받는 저작물이므로
도서출판 플로라의 서면 동의 없이는 복제 및 전사할 수 없습니다.

친환경 꽃꽂이 자연소재 기법
하나쿠바리

강미정 지음

플로라

들어가는 말

감출 것 하나 없이 모든 것을 드러낸다면 그것은 위선적이지 않습니다. 바로 이 진실함과 위선에서의 탈피야말로 인격 수양과 예술작업 그 자체이며, 무엇보다도 꽃을 소재로 작품을 만드는 것에서 크게 동양식과 서양식으로 구분되는 지점입니다. 일본 마미플라워디자인스쿨의 고유 기법인 '하나쿠바리'는 동양의 꽃꽂이 정수를 맛볼 수 있는, 프라나가 가장 자신 있게 추천할 수 있는 꽃꽂이 기법입니다.

플로리스트로서 동양식과 서양식 모두를 병행하고 있지만, 그중에서도 '하나쿠바리'는 가장 단순한 듯하면서도 고난도의 스킬을 요구하며 응용력이 무한한 분야입니다. '하나쿠바리'는 많이 알려진 침봉이나 흡수성 스펀지 같은 인위적인 도구를 사용하지 않고 나뭇가지나 잎, 덩굴, 줄기, 뿌리, 돌, 과일, 조개, 이끼 등 다양한 자연소재를 이용해서 꽃을 고정하는 것을 뜻합니다. 얼핏 생각하면 그것이 뭐가 그리 대단한 일이냐고 반문하실 분도 계실지 모르겠지만, 굳이 스킬의 차원을 떠나서 생각해봐도 여기에는 아주 심오한 철학을 내포하고 있습니다. 우선, 침봉이나 오아시스 같은 도구는 꽃의 아름다움을 전면에 내세우기 위해 작품 속에서 철저하게 숨겨져야 할 부분이며, 특히 플로랄폼의 경우 환경오염의 원인이 되기도 합니다. 그러나 '하나쿠바리'는 꽃을 고정하는 도구마저도 모두 자연소재를 사용해 하나에서 열까지 작품에서 숨길 부분이 전혀 없습니다. 오히려 '하나쿠바리'는 '작품의 전체를 드러나게 함'으로써 더욱 아름다워질 수 있습니다.

환경친화적인 자연소재를 사용하는 것은 단순히 환경오염을 일으킬 염려가 없다는 긍정적 차원을 넘어 이 시대가 너무나 오랫동안 앓고 있는 개인주의와 고독함, 소외로부터 탈피하여 서로의 관계성을 중시하는 사고관과 건강한 마음을 갖게 해줍니다. '하나쿠바리'는 풍성함을 자랑하는 서양식 꽃꽂이의 아름다움과는 대조적으로 단 한 송이의 꽃으로도 운치와 기품, 격조를 기반으로 한 아름다움의 극치를 표현할 수 있습니다. 서양식 꽃꽂이가 화려하고 로맨틱하다면 '하나쿠바리'는 은은한 멋이 공간 전체로 잔잔하게 퍼져나가는 고도로 절제되고 세련된 아름다움을 만끽하게 합니다.

한 송이의 꽃, 아주 적은 양의 나뭇가지나 줄기만으로도 '하나쿠바리'는 무한한 표현의 자유를 가능하게 합니다. 이것이 어떻게 가능한 일일까요? 그것은 바로 '하나쿠바리'가 꽃(식물, 각각의 자연소재) 그 자체에 대한 세심한 관찰과 나 자신과의 관계, 그리고 그것이 놓일 공간과의 관계에 대한 성찰을 그 출발점으로 삼기 때문입니다.

'하나쿠바리'는 자연을 매개로 한 '마음의 공감 능력'을 최대한 눈 뜨게 하는 작업이기도 합니다. 한 송이의 꽃이 활짝 피어나듯 우리의 공감 능력을 깊은 잠에서 깨어나게 합니다. 그러나 꽃을 사랑하는 한 사람으로서, 우리는 왜 대지에 피어있는 꽃들을 그저 바라보는 것에 만족하지 못하고 이렇게 인위적인 행위를 통해 꽃을 디자인해야만 하는 것인지 질문을 던지지 않을 수 없습니다.

꽃을 사랑한다면서 왜 들판에 자생하고 있는 꽃들을 꺾어오는 것일까요? 사실 이러한 행위는 꽃으로부터 서식지를 강제로 빼앗고 생명을 단축시키는 잔인한 행위입니다. 그러나 '하나쿠바리'를 통해서 깨닫게 된 중요한 사실은 대지에서 자생하는 꽃은 아름답기 그지없지만, 우리의 의식 속에서 그 꽃은 그저 대자연 속 식물의 한 종류로 끝나버리는 경우가 허다하다는 것입니다. 장미꽃의 이름을 알고 그 모양을 식별해낼 수 있으며 그것이 아름답다고 느끼는 것만으로 지금 내 눈앞에 피어있는 한 송이 꽃의 존재를 깊이 알고 있다고 말할 수 없습니다. 그것은 진정으로 아는 것이 아닙니다. '하나쿠바리'는 자연소재의 관찰로부터 그 의미를 해석하는 단계를 거치고 나서야 시작되기 때문에, 같은 장미꽃이라 할지라도 한 송이 한 송이의 꽃은 저마다 그 의미가 다르다는 인식에서 출발합니다. 하나의 생명체가 지닌 고유한 존재론적 의미는 외형적인 부분과 내면적인 부분에서 서로 다릅니다. 동양의 꽃꽂이는 이것을 제대로 관찰하여 그 의미를 떠올리는 작업입니다. 자신이 뿌리내렸던 자연 속의 대지를 잃고 인위적으로 낯선 공간으로 이동하게 된 꽃이 그 공간에서 자신의 의미를 찾아 하나의 존재로 자리매김하고 뿌리내릴 수 있게 하는 것입니다. 따라서 동양의 꽃꽂이는 바로 이렇게 가련한 꽃에 다시 생명을 부여하는 창조행위인 것입니다.

일본에서 꽃꽂이는 이케바나라고 하는데, 이때 '이케'라고 하는 부분이 '살린다'라는 동사에서 파생된 것만 봐도 진정한 꽃꽂이의 의미가 무엇인지 짐작할 수 있게 하는 대목입니다. 꽃을 고정하는 버팀목이 되는 부분은 사실 꽃에 있어서 대지를 상징하는 것이며, 바로 이러한 상징성과 더불어, 꽃에 생명을 부여하는 일을 하는데 각각의 자연소재에 대한 이해와 해석을 통해 가장 본질적인 생명력과 조화로움을 표현하게 됩니다. 예쁜 꽃들이 많으면 많을수록 아름다운 것이 아니라, '양보다는 질'을 강조한, 의미의 가장 본질적인 부분을 표현해야합니다. 표현을 단순화시키고 '여백의 미'를 살리며, 꽃만 주인공이 되는 것이 아니라 그 주변의 모든 자연소재가 각각 저마다의 의미를 지니고 전체를 조화롭게 구성함으로써 작품 속 재료들이 다 주인공이자 조연이 될 수 있습니다. 우리가 깨달은 것, 그리고 우리가 표현한 하나쿠바리의 다양한 작품 속에서는 모든 소재가 서로의 존재를 위한 전제가 됩니다.

'하나쿠바리'는 분명 일본의 전통 꽃꽂이를 계승하면서 발전해온 마미플라워의 독자적인 기법이지만 이것은 우리들의 시각으로 현대적으로 재해석하는 과정을 통해 전통을 초월하고 일본이라는 특정 공간과 문화를 초월하여 가장 현대적인 창조물, 아름답고 추상적인 현대예술로 재탄생되었습니다. 이런 면에서 본다면, '하나쿠바리'는 꽃을 매개로 한 수 많은 작업들 중 가장 추상적인 현대예술에 가깝다고 볼 수 있을 것입니다.

'하나쿠바리'는 단순히 '꽃'을 생활공간의 인테리어적인 장식적 기능과 조형적인 아름다움만 추구하는 작업이 아닙니다. 우리들의 오늘날의 자아상에 대한 발견이자, 타자 즉 꽃에 대한 체험이며, 주변 환경에 보다 더 자신 있게 주체적으로 우리의 삶을 탄탄하고 깊이 뿌리내릴 수 있게 하는 '힘'입니다. 이것은 최소한의 소재들로 가장 본질적인 것을 표현해낼 수 있는 고품격의 예술이자 철학이며 수양입니다. 덜어내고 비워내고, 절제해서 단순하게 표현해 나가는 과정을 통해 사람의 마음 또한 구름 걷힌 파란 하늘처럼 맑고 청명한 생명력이 잔잔하게 물결치는 체험을 하게 합니다. '하나쿠바리'만의 매력을 조금이라도 더 많은 분과 공유하고 싶습니다.

거창하지 않아도 좋습니다. 우선 한 송이의 꽃으로, 나뭇가지 하나로 소박하게 시작해보지 않으시겠습니까? 진실은 원래 가장 소박한 것에서 출발하여 가장 소박한 것으로 되돌아오는 법입니다.

이 책 하나쿠바리는 바로 그러한 당신들의 진솔한 요구에 응답하며, 당신의 정신적 고양과 표현의 갈망에 대한 참된 길잡이가 되길 바랍니다.

강 미 정

목차

    6   들어가는 말

PART 1 / 12   자연을 위한 플라워 디자인
           13   하나쿠바리란
           16   대나무 핀
           17   화기 선택하기

PART 2 / 20   계절을 따라가며
           21   봄 (3~5월)
           32   여름 (6~8월)
           45   가을 (9~11월)
           55   겨울 (12~2월)

PART 3 / 71   직접 해보는 하나쿠바리

PART 4 / 102   소재 모아보기

Part 1
하나쿠바리

자연을 위한
플라워 디자인

하나쿠바리(Hanakubari)란

하나쿠바리는 가지·잎·줄기·뿌리·넝쿨 등 꽃과 자연소재를 활용하여 꽃을 지지하는 베이스로 삼는 플라워 디자인을 말한다. 식물은 저마다 형태, 색, 성질이 다르고 계절에 따라서 변화가 생기는데 이러한 점은 인공 재료를 사용한 플라워 디자인과 상충한다. 플라워 디자인을 완성하는데 쓰이는 재료(플로랄폼, 와이어, 침봉 등)는 가려져야 아름답다. 하지만 하나쿠바리의 소재는 꽃을 지지하는 메카닉스 mechanics를 가리지 않고 보아도 아름다운, 오히려 디자인을 한결 돋보이게 하는 것이다.

다양한 소재를 만날 때마다 플라워 디자이너는 새로운 무언가를 발견해 나갈 것이다. 그래야 비로소 꽃을 지지하는 소재, 그릇, 꽃, 디자인이 조화를 이루어 더 좋은 작품으로 표현할 수 있다. 이번 장에서는 하나쿠바리를 위해 사용하는 소재와 그릇의 종류를 소개하고 그 쓰임에 대해서 이해하려고 한다.

하나쿠바리 소재

가지

하나쿠바리의 기본이다. 가지를 쪼개고, 자르고, 꺾고, 모으고, 감고, 끼우고, 땋고, 묶는 등의 작업을 진행하며 가지 저마다의 특질을 배운다.

가지 고르기
① 굵기 : 굵은 가지 or 잔가지
② 유연성 : 딱딱한 가지 or 탄력 있는 가지
③ 건조여부 : 신선한 가지 or 건조된 가지
④ 기타 : 껍질의 색과 질감 가지치기 등
(모든 가지를 도전하는 것이 좋다.)

줄기

줄기의 특질을 살리면서 접고, 얽고, 관통하고, 묶는 방법을 통해 줄기가 가지고 있는 직선, 곡선의 아름다움을 살린다.

줄기 고르기
① 딱딱한 줄기   ② 가늘고 두꺼운 줄기
③ 속이 비어있는 줄기

그 외의 자연소재인 꽃, 가시, 이끼, 뿌리, 돌 등으로 각각의 특질을 살려 베이스를 만들 수 있다.

잎

플라워 디자인에 있어서 보조 역할을 맡는다. 하지만 하나쿠바리는 겹치고, 말고, 묶고, 접고, 엮고, 짜고, 찢고, 접음으로써 개성을 드러낸다.

> **잎 고르기**
> ① 크기 : 넓은 잎 or 작은 잎
> ② 모양 : 가는 잎 or 긴 잎 등
> ③ 두께 : 두꺼운 잎 or 얇은 잎
> ④ 기타 : 잎의 색과 모양, 질감 등
>   (잎의 다양성을 녹일 수 있음)

넝쿨

무엇에 얽혀 있거나 땅을 기면서 가늘게 뻗어가는 넝쿨은 부드럽고 섬세한 선을 표현한다. 넝쿨 하나로 꽃을 세우기는 힘들지만 굵은 넝쿨의 섬유를 풀거나 여러 넝쿨을 묶어 새로운 형태를 만들면 꽃을 고정시킬 수 있다.

열매

다른 것으로는 만들 수 없는 색과 형태를 만든다. 화기의 선에 걸치거나, 줄기와 함께 두거나, 빈 공간을 채우기도 한다. 열매는 과일, 야채, 씨도 같이 쓰인다.

대나무 핀

대나무 핀은 디자인에 있어서 중요한 역할을 맡았다. 환경친화적인 소재를 사용해 형태를 고정하면서도 동양적인 디자인에 아름다움을 더해준다.

마른 대나무가지 중 마디가 있는 한 가지를 잘라준 뒤, 대각선으로 뾰족한 모양을 만들어 핀으로 사용할 수 있다.

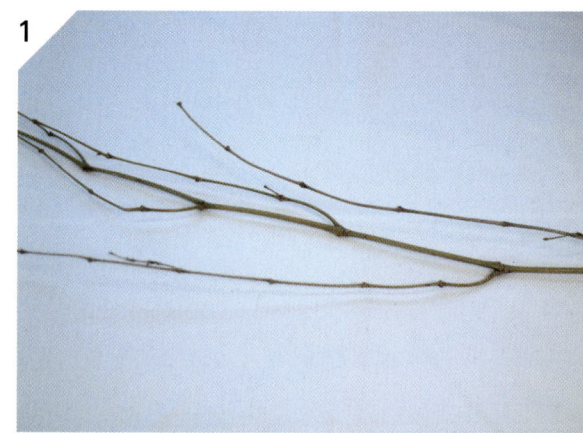

1 마른 대나무 가지를 준비한다.
2 마디가 있는 잔가지를 자른다.
3 가지의 끝을 대각선으로 잘라 뾰족하게 만들어 핀으로 사용한다.

하나쿠바리 그릇

그릇

그릇의 형태와 꽃의 생김새를 생각하며 어떻게 배치할 것인지를 결정해야 한다. 그릇 안쪽에 배치하는 디자인을 생각할 때는 장식을 어떻게 할 것인지, 깊은 화기를 사용할 경우에는 보이지 않는 곳과 보이는 영역을 어떻게 할 것인지, 투명한 그릇을 사용할 때는 보이는 공간을 어떻게 디자인 할 것인지도 생각해야 한다.

> 그릇형태 - 수반, 원통형, 입구가 넓은 형태, 낮고 긴 형태, 부정형 등이 있다.
> 재질 - 도기, 자기, 금속, 유리, 나무, 아크릴 단독 또는 여러 그릇을 함께 사용한다.

1 미니 토분화기
한 송이 꽃이나 자연소재 베이스만 장식하여도 꽃을 즐길 수 있는 미니화기들이다.

2 사각플레이트 화기
마미플라워디자인스쿨의 오리지널화기이다.
가운데가 파여있어 다양한 디자인에 사용된다.

3 컬러가 다른 철 화기
철로 만들어진 화기라 단단하여 자연소재 베이스를 사용할 때 큰 힘이 되어준다.

4 도너츠형의 도일리 화기와 호리병형의 화기
심플하지만 아름다운 디자인으로 연출할 수 있다.

5 화기가 볼록하며 입구가 좁은 화기
꽃을 지지하는 데 어려움이 있으나 하나쿠바리 의 기술을 보여줄 수 있는 트릭 같은 화기다.

6 마미플라워디자인스쿨의
오리지널 고무화기
화기 속에 스펀지가 있어 플로랄폼이나 침봉, 와이어를 사용하지 않고도 꽃을 꽂을 수 있다.

7 브라스컴포트 앤틱컬러의 인도제 놋쇠화기
로마에 있을법한 앤틱함을 가진 화기이다. 고급 스러움과 우아함을 연출할 수 있다.

Part 2
하나쿠바리

계절을
따라가며

봄

春

대 나 무 와
설 유 화

마른 대나무가지를 엮어 공간연출을 할 수 있는 디자인이다.

소재 대나무, 설유화, 수선화

소 철 과 튤 립

투박한 소철 잎 사이로 추운 겨울에 봄을 기다리는 식물들의 강한 생명력을 느낄 수 있다.

소재 소철, 아스파라거스, 튤립

곱슬버들과 벚꽃

봄을 시기하는 차가운 꽃샘추위 속에서도 봄을 느끼며 자라나는 식물들의 뜨거운 생명력이 넘쳐난다.

소재 곱슬버들, 류코코리네, 벚꽃

종려나무 잎과

꽃

종려 잎 사이에서 피어난 꽃들이 봄을 향해 피크닉을 떠나는 것 같다.

소재 라넌큘러스, 소국, 스위트피, 스카비오사, 아네모네, 유포르비아, 장미(블랙뷰티), 조팝, 종려나무 잎, 크리스마스로즈

벚 꽃 과
수 　 국

핑크톤으로 봄의 따뜻함을 연출한다. 물의 생명력이 가지 하나하나, 꽃 하나하나에 새겨진다.

소재 벚꽃, 산당화, 수국

잎새란과 꽃

대나무 핀으로 고정한 잎새란에 꽃을 고정하였다. 낯설지 않은 자연스러움이 작품 전체에 스며든다.

소재 거베라, 대나무 핀, 라넌큘러스, 스카비오사, 알리움, 잎새란

곱슬버들과 조팝

잎새란과 곱슬버들 사이에 돌을 넣어 무게감을 만들고, 화기에서 나온 곱슬버들과 연결하여 고정한다. 조팝의 하얀 꽃잎이 가늘게 균형을 잡고 있는 작품의 멋을 더한다.

소재 곱슬버들, 잎새란, 조팝

안 수 리 움 과
오 하 이 오 블 루

긴 사각화기에 짧은 막대 4개를 양쪽 끝에 각각 2개씩 넣어 꽃을 고정할 수 있는 지지대를 만든다. 잔가지를 화기에 흔들림 없이 고정하여 기울어진 꽃을 연출한다.

소재 겹벚꽃, 안수리움, 미스티블루(오하이오 블루)

대나무와 꽃

작은 틈에서 꽃이 피어나는 느낌을 표현한 하나쿠바리이다. 밝고 환한 색감에, 몽글몽글한 부드러움이 느껴지는 꽃을 선택하여 딱딱한 질감의 대나무와 대비되도록 디자인했다.

소재 거베라, 라넌큘러스(샬롯), 대나무, 목수국, 수레국화, 스카비오사, 안수리움, 카네이션(아델리아)

겹벚꽃과 장미

나뭇가지와 장미를 교차시켜 균형을 이루었다. 비율과 여백을 주어 동양적인 감성이 작품 전체에 흐르게 하고 이질감을 느낄 수 있는 와인잔을 배치하여 포인트를 주었다.

소재 겹벚꽃, 장미(붐바스틱)

여름

夏

철쭉과 클레마티스

작약과 클레마티스가 정갈하게 느껴진다. 선홍빛의 작약이 주는 강렬한 인상과 가녀린 클레마티스의 꽃잎에서 느껴지는 아련함은 연약한 존재의 강한 생명력으로 읽혀진다. 높게 뻗은 철쭉 잎이 위태롭지만 깊게 뿌리내린 나무같다. 꽃을 고정할 수 있게 짧은 나뭇가지를 모아 묶어주었다. 화기가 된 가지 사이사이 빈 공간에 꽃을 꽂아 넣으면 된다.

소재 나뭇가지, 석죽, 작약, 철쭉, 클레마티스

곱슬버들과 튤립

양쪽의 기울어진 화기에서 나온 튤립과 아킬레아가 곱슬버들을 타고 서로를 마주본다. 구부러진 튤립의 줄기가 그리워하는 마음을 강조하는 듯하다. 대칭의 형태는 완벽하지만 의미는 아프게 다가온다.

소재 곱슬버들, 아킬레아, 안수리움 잎, 튤립

스모크트리와 꽃

스모크트리를 화기 위에 고정하여 볼륨감을 준다. 스모크트리를 덩어리져 주어 폭신하게 연출하였으며 라인을 살려가며 꽃을 꽂아 입체감을 준다.

소재 베어그라스, 스모크트리, 으아리, 이끼시아, 코스모스(블랙)

잎 새 란 과 꽃

잎새란으로 꽃을 고정하였다. 잎새란이 화기의 위쪽에 위치하여 물과 화기가 돋보인다. 청량감을 주는 디자인이다.

소재 라넌큘러스(암바), 버베나, 섬바디, 스카비오사, 이끼시아, 잎새란

망개나무와 으아리

잔가지의 움직임과 으아리의 맑음이 공간에서 잘 어울린다. 초록의 망개나무 열매가 여름의 싱그러움을 알려주는 듯하다. 망개나무의 움직임이 마치 오선지 위에서 춤추는 음표 같은 느낌이 든다.

소재 나뭇가지, 망개나무, 으아리

능수버들과 리시안서스

길게 뻗은 보라색 리시안서스가 눈에 가득 들어온다. 배경을 흐리게 채우는 잎안개는 꽃을 더욱 부각한다. 길쭉한 꽃들의 선과 둥글게 돌아가는 꽃들의 배치가 편안함을 준다.

소재 능수버들, 리시안서스, 석죽, 잎안개, 헬리옵시스

엽란과
꽃

엽란을 접어 포갠 후 사이에 꽃을 고정한다.

소재 엽란, 유니폴라, 자리공, 장미(블랙뷰티)

대나무와
꽃

마른 대나무가지로 곡면을 만든 후 꽃을 고정한다.

소재 대나무, 도라지, 라벤더, 석무초, 수국, 자스민, 클레마티스

곱슬버들과
수 국

곱슬버들을 리스 형태로 만들고 목수국을 움직이지 않게 고정한다. 목수국으로 화기를 가득 채우기보다는 일부분을 비워두어 열린 형태로 만든다. 목수국의 꽃잎이 꽃을 지지하는 베이스가 되어 줄기가 가녀린 꽃들을 모아 꽃을 고정한다.

소재 곱슬버들, 니겔라, 델피니움, 목수국, 사계국화, 시네신스, 에린기움, 잎안개, 페니쿰

돌 과
꽃

대나무와 돌이 꽃을 고정하는 지지대가 되어 꽃이 크고 넓게 펼쳐지게 한다. 화기에 고정한 대나무와 가지가 꽃을 자연스럽게 고정한다. 꽃줄기의 끝부분은 돌 밑으로 살짝 숨긴다.

소재 고수꽃, 너도밤나무, 루즈라, 부들, 으아리

부들 잎과 풀

초원에 바람이 불어 나뭇가지와 풀들이 살랑거리는 풍경은 보는 이를 즐겁게 한다. 자연 그대로의 아름다움을 작은 화기에 구성한 하나쿠바리 디자인이다. 부들 잎을 화기의 사이즈에 맞게 잘라 대나무 핀으로 연결한 뒤 부들 잎 사이로 줄기가 가는 오이풀과 강아지풀을 고정한다.

소재 강아지풀, 백일홍, 부들 잎, 오이풀

대 나 무 와 용 수 초

용수초를 대나무 핀으로 겹쳐 꽃을 지지할 수 있도록 하였다. 수직과 수평의 선이 교차하면서 만들어내는 이미지와 어울리도록 클레마티스와 트리플륨을 배치한다.

소재 대나무, 용수초, 클레마티스, 트리플륨, 호엽란

대 국 도 와 꽃

초록의 잎들의 소용돌이가 꽃으로 잔잔해진다. 물을 품은 잎이 열리며 꽃을 피웠다.

소재 너도밤나무, 마가목, 모카라, 석죽, 대국도, 암바멜론

마가목과 열매

나무에서 꽃과 열매가 맺힌다. 네모, 곡선, 직선이 그렇다.

소재 도꼬마리, 마가목, 맨드라미, 석죽, 찔레꽃

나뭇가지와 다알리아

흔들리는 꽃들 속에서 네 샴푸향이 느껴진거야.

소재 니겔라, 다알리아, 소국(엔젤), 억새풀, 이끼시아, 해바라기

채 소 와
꽃

일상에서 즐겁게 디자인 할 수 있게 꽃을 조합했다. 냉장고 속에 갇혀있던 야채에 꽃을 더해주어 생활 속에서 작은 윤택함을 느끼게 한다.

소재 가지, 국화(폼폰), 느티만가닥버섯, 리시안서스, 브로콜리, 산머루, 안수리움, 에리카, 으아리, 자리공, 적채(양배추), 파프리카

유목과 수국

유목을 사용한 하나쿠바리로 수국의 볼륨감을 강조한 디자인이다.

소재 수국, 스틸그라스, 유목나무

마디초와
꽃

가을풍경을 담은 하나쿠바리로 마디초를 엮고 코스모스, 천일홍 등을 하늘거리게 꽂는다.

소재 강아지풀, 마디초, 천일홍, 초코코스모스

잎새란과 꽃

가늘게 찢어 뭉친 잎새란(드라이) 위에 신선한 잎새란을 조화롭게 엮어준 디자인이다.

소재 미라비, 온시디움, 잎새란

목판과 가을꽃

갈라진 목판 사이에 억새와 가을을 담은 꽃을 마주보도록 고정한다.

소재 다알리아, 억새, 향등골

능 수 버 들 과
그 라 스

능수버들 가지 뒤에 우뚝 서있는 팜파스그라스의 질감이 가을을 알리는 개선장군 같다. 긴 능수버들 가지를 돌로 고정하여 세우고 시계초를 위쪽에 고정하여 라인을 강조한다.

소재 까치밥나무, 능수버들, 레드페니쿰, 시계초, 아키밀라, 팜파스그라스

대국도와 동백꽃

작품의 베이스는 대국도 잎을 말아서 준비했다. 심플한 베이스 디자인이 동백꽃의 우아함을 돋보이게 한다

소재 곱슬버들, 동백꽃, 디디스커스, 대국도

잎새난과 디디스커스

잎새란의 잎을 잘라 화기에 채운 뒤 꽃을 꽂는다. 간단한 작업처럼 느껴지지만 간결하고 깔끔한 느낌이 화기와 잘 어우러지게 만든 디자인이다.

소재 느티나무 잎, 동백꽃, 디디스커스, 목화, 잎새란

자연소재 고정기법 **하나쿠바리** Part 2

대 나 무 와
유   목

세로 베이스인 대나무와 가로 베이스인 유목을 이용한 디자인이다. 사방으로 길게 뻗어나가는 모양을 통해 꽃의 세계가 널리 알려지길 소망하는 마음을 담았다.

소재 다알리아, 대나무, 소나무, 아이리스, 유목, 호접란, 클레마티스

벚나무와 꽃

Y자의 벚꽃가지를 화기에 얹고 그 틈으로 꽃을 고정한 디자인이다. 가지나 화기의 색과 대비되는 꽃들로 구성해 자연스럽게 꽃으로 시선이 가도록 만들었다.

소재 국화(폼폰), 라넌큘러스(폼폰), 리시안서스, 나뭇가지(벚꽃), 부풀리움, 수국, 아네모네, 오션송, 클레마티스

대 나 무 핀 과
마 디 초

마디초를 대나무 핀으로 고정시켜 면을 만든다.

소재 남천, 대나무 핀, 마디초, 매화, 설유화

대 왕 송 과
글 라 디 올 러 스

대왕송을 호엽란으로 묶고 산당화와 글라디올러스를
어레인지한다.

소재 글라디올러스, 대왕송, 산당화, 호엽란

배 추 와 꽃

배추 속 사이사이로 작은 얼굴의 꽃들을 고정시켜 마치 배추가 꽃을 피운듯 하다.

소재 델피니움, 라넌큘러스, 배추, 환타지아, 클레마티스

대나무와 꽃

대나무를 세로로 길게 홈을 내어 일렬로 꽃을 고정한 디자인으로, 대나무 안을 거처로 삼은 꽃이 대나무처럼 쭉 뻗어나 간다.

소재 국화(폼폰), 니겔라, 델피니움, 라넌큘러스, 바르카, 아네모네, 카네이션

벚나무와 꽃

벚꽃나무 가지의 갈라진 틈새로 꽃들이 얼굴을 내밀고 있다.

소재 곱슬버들, 델피니움, 미스터블루, 나뭇가지(벚꽃), 아네모네, 알스트로메리아

연 잎 과 꽃

오랜 시간을 견딘 마른 연잎과 신선한 꽃들을 구성한 디자인이다.

소재 네리네, 스노우베리, 연잎, 클레마티스

숯 과 꽃

겨울철 실내 공기 정화를 위해 참숯을 사용하여 꽃을 고정한다. 참숯의 질감과 색감이 어울리는 소재를 사용한다.

소재 담쟁이덩굴, 망개나무, 참숯

넝 쿨 과
튤 립

시중에서 판매하는 넝쿨 리스를 풀어 옆으로 세운 뒤 넝쿨 리스(담쟁이덩굴) 아랫부분에 작은 화기를 두 개 올린다. 나란히 세운 넝쿨사이로 균형을 잡아 꽃을 고정하여 넝쿨에서 꽃이 피어나는 것처럼 자연스럽게 고정한다.

소재 담쟁이덩굴, 라넌큘러스(폼폰), 베로니카, 잎안개, 청보리, 튤립

대나무와 무스카리

천상정원(天上庭園), 대나무의 마디 사이에 틈을 내어 무스카리 잎을 일렬로 고정해 꽃을 지지할 수 있게 한다. 작은 얼굴의 꽃들로 대나무를 장식해 하늘 위 미니정원의 느낌을 강조한다.

소재 대나무, 무스카리, 산수유, 미스티블루(오하이오 블루), 유칼립투스(파블로)

대 나 무 와
코 스 모 스

자연은 스스로를 품는다. 대나무의 억센 가지를 열어 꽃을 피워내고, 꽃은 대나무의 선을 따라 어울려 피어있다. 길게 오려낸 대나무 줄기를 동산 모양으로 고정해 꽃을 지지한다.

소재 거베라, 석화, 설유화, 코스모스, 클레마티스, 튤립

Part 3
직접 해보는
하나쿠바리

01 곱슬버들 1
Salix matsudana

곱슬버들은 잔가지가 많아서 꽃을 고정하기에 좋은 소재이다. 가지와 화기를 연결하여 곱슬버들 잔가지 위로 꽃을 꽂는다. 작품을 위에서 아래로 내려다보는 부감 디자인이다.

소재 곱슬버들, 공작초, 미라비, 반다, 수국(앤틱), 시계초, 자리공, 홍싸리

》제작과정《

1 화기에 곱슬버들을 걸친다. 잔가지 중 한두 개는 화기 아래쪽으로 내려준다.

2 곱슬버들의 가지 끝은 묶어 화기와 고정한다.

3 준비한 꽃 중 수국은 잎이 벌어지지 않도록 묶어준다.

4 꽃을 꽂아 마무리한다.

| 02 | 곱슬버들 2
Salix matsudana |

가지로 화기의 주둥이를 빽빽하게 채워주면 원하는 방향으로 꽃을 고정할 수 있다.

소재 곱슬버들, 스틸글라스, 아네모네, 클레마티스(벨)

» 제작과정 «

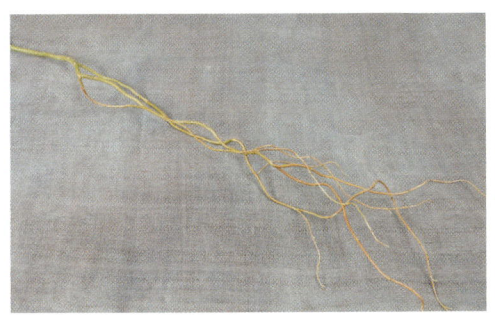

1 곱슬버들은 잔가지가 많아서 Y자형으로 잘라 사용하기에 좋다.

2 가지가 갈라지는 곳에서 곱슬버들을 자른다.

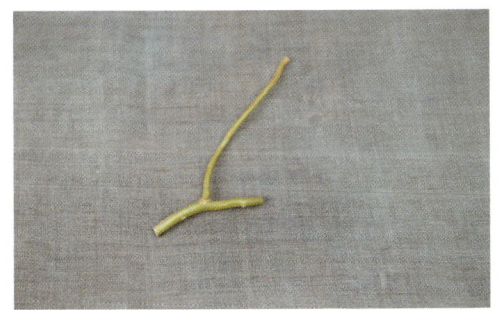

3 한쪽이 긴 Y자형이 된다.

4 긴 쪽을 화기에 넣어 걸친다.

03 근대
Beta vulgaris subsp. vulgaris

고정관념에서 벗어나면 다양한 자연소재로 꽃을 즐길 수 있다. 채소 근대를 이용해 꽃을 고정하고, 부들잎과 대나무 잔가지를 사용하여 직선과 곡선을 살렸다. 각 재료의 조화로 꽃을 즐길 수 있게 만든 디자인이다.

소재 근대, 델피니움, 설유화, 스카비오사(옥스퍼드)

》 제작과정 《

1 근대 줄기 부분은 잘라준다.

2 잎 부드러운 부분부터 안으로 돌돌 말아준다.

3 말아준 잎이 풀어지지 않도록 대나무핀으로 고정한다.

4 작업한 잎들을 화기에 담아 잎 사이로 꽃을 고정한다.

04 | 능수버들
Salix pseudolasiogyne

능수버들이 가지고 있는 유연성을 이용한 하나쿠바리로, 식물을 바라보는 시점에서 나아가 식물의 습성을 파악하여 디자인하였다. 능수버들 가지를 마사지하듯 구부려 화기 속을 채운 뒤 꽃을 세웠다.

소재 국화(폼폰), 능수버들, 소국, 작살나무, 줄맨드라미

» 제작과정 «

1 능수버들을 둥글게 말아 화기에 넣고 물을 채운다.

2 굵은 가지를 화기에 끼워 능수버들이 움직이지 않게 한다.

3 꽃을 꽂는다.

4 촘촘한 간격으로 모여 있는 능수버들이 꽃을 흔들림 없이 지지한다. 능수버들은 플로랄폼을 대용할 수 있는 멋진 소재이다.

05 대국도
Asplenium nidus

대국도의 물결라인을 살린 디자인으로, 대국도 잎이 모여 하나의 베이스가 되도록 디자인 했다.

소재 갈대, 노박덩굴, 대국도, 무스카리, 부추꽃, 시트러스

» 제작과정 «

1 대국도를 줄기를 따라 자른다.

2 대국도를 잘린 단면에 맞춰 말아준다.

3 대나무 핀으로 대국도가 풀리지 않게 고정한다.

4 돌돌 말아준 대국도는 훌륭한 고정 소재가 된다.

06 레몬 잎
Citrus limonia

레몬 잎을 화기 사이에 밀도 있게 모아주어 꽃이 고정될 수 있도록 한다.

소재 대나무, 레몬 잎, 메리골드(미니), 오이풀

» 제작과정 «

1 대나무와 레몬 잎을 준비한다.

2 레몬잎을 가위로 자르지 않고 손으로 뜯는다.
(레몬잎 줄기가 가늘게 분리되어 자연스러움을 더한다.)

3 분리한 레몬 잎을 대나무 잔가지로 연결한다.

4 연결한 베이스를 화기입구에 얹어 꽃을 지지한다.

07 망개나무
Smilax chiaa L.

망개나무를 화기와 돌을 이용해 고정하여 쏟아지는 듯한 이미지를 형상화 한다.

소재 망개나무, 칼라, 클레마티스, 풍선초

» 제작과정 «

1 망개나무 가지와 열매를 서로 교차하여 화기에 넣는다.

2 화기 입구에 돌을 얹어 망개나무 가지가 빠져 나오지 않도록 고정한다.

3 풍선초를 망개나무 가지에 둘러준다.

4 돌 사이로 꽃을 연결하여 망개나무 가지의 신에 따라 얽히듯 꽃을 고정한다.

08 | 부들잎 1
Typha orientalis

사각 프레임은 시선을 집중시키는 힘이 있다. 프레임을 더욱 아름답게 변화시켜 줄 수 있는 힘은 꽃이다. 여유있게 꽃을 넣어 가만히 있어도 움직이는 느낌을 만들었다.

소재 글로리오사, 미라비, 부들 잎, 클레마티스(벨)

» 제작과정 «

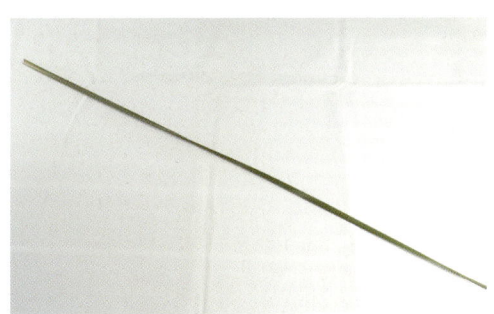

1 부들잎을 준비한다.

2 원하는 사이즈에 맞게 부들 잎의 끝부분을 꺾어 사각형을 만든다.

3 부들 잎이 끝나는 부분을 대나무 핀으로 꽂는다.

4 대나무 핀으로 꽂은 부분에 새로운 부들 잎을 꽂고 꺾어 나간다.

09 | 부들잎 2
Typha orientalis

부들은 잎이 곧으면서도 유연해 하나쿠바리의 고정 소재로 사용하기에 좋다. 그린의 부들 잎을 유리화기에 담아 청량감을 주는 센터피스로 사용할 수 있는 디자인이다.

소재 겹설유화, 라넌큘러스(버터플라이), 부들 잎, 아미초, 양골담초, 철쭉

» 제작과정 «

1 부들 잎을 준비한다.

2 부들을 한 뼘 정도의 길이로 자른다.

3 유리화기에 돌과 부들을 배치하면 새로운 모양의 화기가 만들어진다.

4 빽빽하게 채운 부들 잎 사이로 꽃을 어레인지 한다.

09 부들잎 3
Typha orientalis

부들 잎과 대나무 잔가지를 사용하여 직선과 곡선을 살린 디자인이다.

소재 글로리오사, 대나무, 라넌큘러스(버터플라이), 부들 잎

» 제작과정 «

1 대나무와 부들 잎을 준비한다.

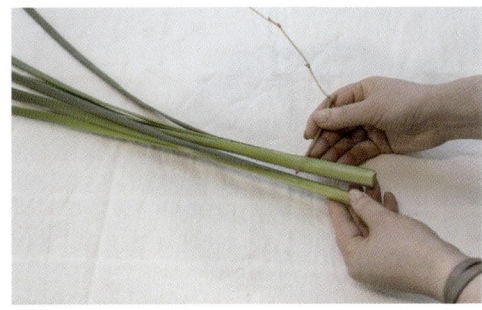

2 부들 잎을 대나무 잔가지로 연결한다.

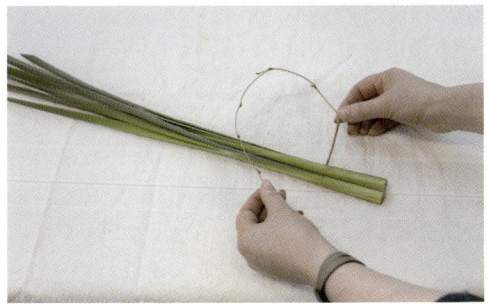

3 대나무 가지를 마사지 하여 곡선의 형태를 만든다.

4 대나무의 끝부분이 보이지 않도록 부들 잎에 통과 시킨다.

10	엽란 잎
	Aspidistra elatior

잎을 이용한 베이스로 엽란의 잎을 찢어 위, 아래를 묶어서 만든다. 자연소재를 활용한 다양한 응용으로, 잎들도 꽃을 지지하는 베이스가 된다.

소재 그린벨, 능수버들, 미모사, 설유화, 엽란, 후룩스

» 제작과정 «

1 엽란의 잎을 여러 갈래로 찢는다. 길이는 2/3정도로 한다.

2 찢은 엽란 잎을 여러 번 묶어준다.

3 엽란의 줄기를 모아 묶어준다.

4 묶은 엽란을 화기에 올리고 잎 사이사이에 꽃을 꽂아준다.

| 11 | 옥잠화
Hosta plantaginea |

화기의 톤과 형태를 살려 옥잠화를 어레인지했다.

소재 꿩의다리, 도라지, 레드베리, 석무초, 옥잠화, 클레마티스(씨드), 홍싸리

》제작과정《

1 옥잠화를 준비한다.

2 옥잠화를 겹쳐서 양쪽으로 모은다.

3 양쪽의 옥잠화 줄기를 대나무로 연결하여 고정한다.

4 옥잠화 잎사이로 꽃을 고정한다.

12 용수초 줄기
Juncus effusus var. decipiens

물에서 자라는 수생식물처럼 다양한 꽃과 소재를 물에 띄워 둥둥 떠다니는 모습을 감상할 수 있다. 물과 돌이 있어 여름에 시원하게 잘 어울리는 하나쿠바리(자연소재 고정기법)이다.

소재 고광나무, 라그라스, 루드베키아, 용수초, 클레마티스

» 제작과정 «

1 용수초 꽃을 잘라낸다.

2 용수초 줄기를 꺾어가며 감아준다.

3 용수초를 둥글게 감아 원하는 크기로 만든다.

4 화기에 화산석과 용수초를 배치하고 꽃을 꽂는다.

13 청경채
Brassica rapa subsp. chinensis

청경채를 이용한 디자인으로 플라워디자인의 무한한 가능성을 엿볼 수 있는 생활 속 하나쿠바리이다.

소재 조팝, 청경채, 프리틸라리아

» 제작과정 «

1 청경채를 준비한다.

2 청경채의 잎부분을 잘라내고 줄기만 남겨둔다.

3 줄기 부분을 화기에 모아 베이스를 만든다.

4 청경채 줄기 사이에 꽃을 지지한다.

14 칼라
Calla palustris / Zantedeschia

식물이 가진 특성을 잘 살리면 디자인적인 요소뿐 아니라 훌륭한 고정도구로도 사용할 수 있다. 가위집을 내어 물올림을 받은 칼라 줄기가 바깥쪽으로 동그랗게 말리면 화기 입구에 빽빽하게 꽂아준다. 자연스럽게 생겨난 칼라 줄기의 컬은 그 자체로의 멋이 있으며, 다른 꽃들의 연약한 줄기를 다치게 하지 않으면서 화기에 고정시키는 용도로 활용할 수 있다.

소재 마도리카리아, 스위트피, 아게라덤, 칼라

» 제작과정 «

1 잘라낸 줄기의 한쪽 끝에 가위집을 한 번 낸다. 화기의 끝부분에 꽂기 위해서이다.

2 다른 한 쪽 끝부분에는 가위집을 여러 번 낸다.

3 줄기를 물에 10분정도 담가두면 여러 번 가위집을 낸 줄기 부분에 강하게 곡선이 생긴다.

4 물에 담가 둔 칼라 줄기를 꺼내어 한 번 가위집한 부분을 화기입구의 테두리에 꽂는다.

5 컬이 생긴 칼라 줄기 사이로 가녀린 줄기를 가진 꽃들을 디자인한다.

Part 4
하나쿠바리
소재 모아보기

소재 찾는 법

이 책에서 사용된 소재를 모았습니다. 하나쿠바리는 자연소재를 이용해 디자인 메커니즘을 구현합니다. 그렇기에 고정을 위해 사용한 소재도 디자인적으로 아름다움을 지니고 있습니다. 고정용, 장식용과 같이 소재의 용도를 나눌 수 있지만 그렇게 되면 소재의 용도를 단정지을 수 있는 위험이 있어 피했습니다. 궁금한 소재가 있다면 국문 순서대로 된 소재 목록 중에서 하나를 찾고 오른편에 있는 [페이지]를 따라가시면 됩니다.

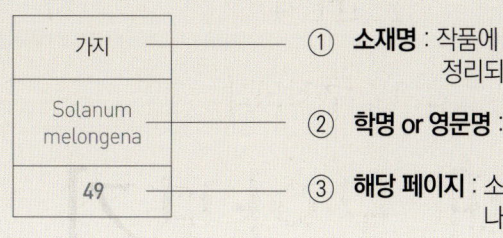

① **소재명** : 작품에 사용된 소재명은 가나다 순으로 정리되어 있습니다.

② **학명 or 영문명** : 소재의 공식명칭

③ **해당 페이지** : 소재가 사용된 작품들의 위치를 나타내고 있습니다.

ㄱ

가지 Solanum melongena   49

갈대 Phragmites australis   81

강아지풀 Setaria viridis   43, 51

거베라 Gerbera   27, 30, 69

겹벚꽃 Prunus serrulata   29, 31

겹설유화(장미조팝) Spiraea prunifolia Siebold & Zucc   89

고광나무 Philadelphus schrenckii Rupr   97

고수꽃 Coriandrum sativum   42

곱슬버들(용버들) Salix matsudana   24, 28, 34, 41, 56, 64, 73, 75

공작초 Symphyotrichum novi-belgii   73

그린벨 Silene vulgaris   93

근대 Beta vulgaris subsp. Vulgaris   77

글라디올러스 Gladiolus   61

글로리오사 Gloriosa   87, 91

까치밥나무 Ribes   54

꿩의다리 Thalictrum aquilegiifolium   95

ㄴ

나뭇가지　33, 37, 59

남천 Nandina domestica　60

너도밤나무 Fagus　42, 46

네리네 Nerine hybrida　65

노박덩굴 Celastrus orbiculatus　81

느티나무 잎 Zelkova serrata　57

느티만가닥버섯 Hypsizygus tessellatus　49

능수버들 Salix pseudolasiogyne　38, 54, 79, 93

니겔라 Nigella sativa　41, 48, 63

ㄷ

다알리아 Dahlia　48, 53, 58

담쟁이 덩굴 Parthenocissus tricuspidata　66, 67

대국도 Asplenium nidus　46, 56, 81

대나무 Bambusoideae　22, 30, 40, 44, 58, 68, 83, 91

대나무 핀 Bambu pin　27, 60, 81

대왕송 Pinus palustris　61

델피니움 Delphinium　41, 62, 63, 64, 77

도꼬마리 Xanthium strumarium　47

도라지 Platycodon grandiflorus　40, 95

동백꽃 Camellia japonica　56, 57

디디스커스 Didisus caeruleus　56, 57

ㄹ

라그라스 Lagurus ovatus　97

라넌큘러스 Ranunculus asiaticus　25, 27, 62, 63

라넌큘러스(버터플라이) Ranunculus asiaticus L　89, 91

라넌큘러스(샬롯) Ranunculus shallot　30

라넌큘러스(암바) Ranunculus armba　36

라넌큘러스(폼폰) Ranunculus pompon　59, 67

라벤더 Lavandula angustifolia Mill   40

레드베리 Red berry   95

레드페니쿰 Red fall panicum   54

레몬 잎 Lemon leaf   83

루드베키아 Rudbeckia hirta   97

루즈라   42

류코코리네 Leucocoryne SP   24

리시안서스 Eustoma grandiflorum   38, 49, 59

■

마가목 Sorbus commixta   46, 47

마트리카리아 Matricaria matricarioides (Lessing) Porter. ex Britton   101

마디초 Equisetum hyemale L   51, 60

망개나무 Berchemia berchemiifolia   37, 66, 85

매화 Prunus mume   60

맨드라미 Celosia cristata   47, 79

메리골드(미니) Tagetes   83

모카라 Mokara   46

목수국 Hydrangea paniculata   30, 41

목화 Gossypium indicum   57

무스카리 Muscari botryoides   68, 81

미라비 Ornitho galum   52, 73, 87

미모사 Acacia dealbata   93

미스티블루 Limonium hybrids   64

미스티블루(오하이오 블루) Limonium hybrids Ohio Blue   29, 68

ㅂ

반다 Vanda coerulea Griff. ex. Lindley   73

배추 Brassica rapa subsp. Pekinensis   62

백일홍 Zinnia elegans   43

버베나 verbena hybrida Voss   36

벚꽃 Cerasus 24, 26

베로니카 Veronica longifolia CV 67

베어그라스 Xerophyllum tenax 35

부들 Typha orientalis 42

부들 잎 Typha orientalis (leaf) 43, 87, 89, 91

부추꽃 Allium tuberosum 81

부풀리움 Bupleurum rotundifolium 59

브로콜리 Brassica oleracea var. italica 49

ㅅ

사계국화 Brachyscome angustifolia 41

산당화 Chaenomeles speciosa 26, 61

산머루 vitis 49

산수유 Cornus officinalis 68

석무초 Trachelium caeruleum 40, 95

석죽 Dianthus barbatus 33, 38, 46, 47

석화 Adenium obesun 69

설유화 Spiraea thunbergii 22, 60, 69, 77, 93

섬바디 Dystaenia takeshimana (Nakai) Kitag 36

소국 Chrysanthemum morifolium 25, 79

소국(바르카) Chrysanthemum morifolium (Barka) 63

소국(엔젤) Chrysanthemum morifolium (Angel) 48

소나무 Pinus densiflora 58

소철 Cycas revoluta 23

수국 Hydrangea macrophylla 26, 40, 50, 59

수국(앤틱) Hydrangea macrophylla (Antique) 73

수레국화 Centaurea cyanus 30

수선화 Narcissus 22

스노우베리 Symphoricarpos albus L. 65

스모크트리 Cotinus coggyria Scop 35

스위트피 Lathyrus odoratus 25, 101

스카비오사 Scabiosa caucasica　25, 27, 30, 36

스카비오사(옥스퍼드) Scabiosa atropurpurea　77

스틸그라스 Steel glass　50, 75

시계초 Passiflora caerulea　54, 73

시네신스 Limonium sinensis　41

시트러스 Citrus　81

ㅇ

아게라덤 Ageratum ageratum　101

아네모네 Anemone　25, 59, 63, 64, 75

아미초 Ammi majus　89

아스파라거스 Asparagus officinalis　23

아이리스 Iris　58

아키밀라 Alchemilla　54

아킬레아 Achillea　34

안수리움 Anthurium andraeanum　29, 30, 49

안수리움 잎 Anthurium andraeanum (leaf)　34

알리움 Allium　27

알스트로메리아 Alstroemeria　64

암바멜론 Ambamelon　46

양골담초 Cytisus scoparius　89

억새풀 Miscanthus sinensis var. purpurascens RENDLE　48, 53

에리카 Erica　49

에린기움 Eryngium planum　41

연잎 lotus leaf　65

엽란 Aspidistra elatior　39, 93

오이풀 Sanguisorba officinalis　43, 83

옥잠화 Hosta　95

온시디움 Lespedeza bicolor Turcz　52

용수초 Juncus effusus　44, 97

유니폴라 Chasmanthium latifoloum　39

유목나무 Driftwood 50, 58

유칼립투스(파블로) Eucalyptus Pablo 68

유포르비아 Euphorbia 25

으아리 Clematis terniflora var. mandshurica 35, 37, 42, 49

이끼시아 Crocosmia 35, 36, 48

잎새란 Phormium tenax 27, 28, 36, 52, 57

잎안개 Jewels of opar 38, 41, 67

ㅈ

자리공 Phytolacca acinosa 39, 49, 73

작살나무 Callicarpa japonica 79

작약 Paeonia lactiflora 33

장미(붐바스틱) Rosa hybrida (Bombactic) 31

장미(블랙뷰티) Rosa hybrida (Black beauty) 25, 39

장미(오션송) Rosa hybrida (Ocean song) 59

자스민 Jasminum 40

적채(양배추) Brassica oleracea var. capitata f. rubra 49

조팝 Spiraea prunifolia var. simpliciflora 25, 28, 99

종려나무 잎 Rhapis 25

찔레꽃 Rosa multiflora 47

ㅊ

참숯 Charcoal 66

천일홍 Gomphrena globosa 51

철쭉 Rhododendron schlippenbachii 33, 89

청경채 Brassica rapa subsp. chinensis 99

청보리 Hordeum vulgare var. hexastichon 67

초코코스모스 Cosmos atrosanquineus 51

ㅋ

카네이션 carnation 63

카네이션(아델리아) anthus caryophyllus 30

칼라 Zantedeschia aethiopica 85, 101

코스모스(블랙) Cosmos bipinnatus Cav (Black) 35

크리스마스로즈 Helleborus L 25

클레마티스 Clematis 33, 40, 44, 58, 59, 62, 65, 69, 85, 97

클레마티스(벨) Clematis (bell) 75, 87

클레마티스(씨드) Clematis (seed) 95

ㅌ

튤립 Tulipa 23, 34, 67, 69

트리플룸 Trifolium repens L. 44

ㅍ

파프리카 Capsicum annuum 49

팜파스그라스 Cortaderia selloana 54

페니쿰 Panicum dichotomiflorum Michx 41

폼폰국화 Pompon Chrysanthemum 49, 59, 63, 79

풍선초 Cardiospermum halicacabum 85

프리틸라리아 Fritillaria 99

ㅎ

해바라기 Helianthus annuus 48

향등골 Eutrochium maculatum 53

헬리옵시스 Heliopsis 38

호엽란 Ophiopogon jaburan 44, 61

호접란 Phalaenopsis 58

홍싸리 Lespedeza bicolor Turcz 73, 95

환타지아 Fragrance Fantasy 62

후룩스 Phlox paniculata 93

에필로그

식물이 가지고 있는 매력은 무한하다고 생각합니다. 보는 이에 따라 다르게 보일 수 있는 식물이
어느 순간 나에게 감동으로 다가왔을 때 그 감동을 같이 나누고 싶단 생각이 들었습니다.

감사하게도 월간플로라에 하나쿠바리 작품을 연재하게 되었고,
몇 년 동안의 작품이 모여져 한 권의 책으로 제작된다는 것에 기쁨도 잠시. 부끄러운 마음이 가득합니다.
자연소재로 꽃을 디자인한 작품에 늘 아쉬움이 많았기에
책으로 묶어진다는 것에 부끄러움이 앞섰습니다.

부끄러움에 용기를 주신 많은 분들.
월간플로라 이지영 대표님께 감사드리며,
프랑스 유학을 앞두고 마지막까지 함께 고민하며 촬영해주신 유건모 기자님께 감사드립니다.

하나쿠바리를 알게 해주신 한경희씨께 감사하며
그리고 늘 저와 함께 모든 일을 야무지게 해주시는 이정은 선생님에게도 감사드립니다.

이 책이 꽃을 다듬는 분들에게 조금이라도 도움이 되었으면 하는 바람입니다.